barriozona

FEBRERO 2018

Publicada por el
Instituto Hispano de Asuntos Sociales
123 N. Centennial Way, Ste. 138
Mesa, Arizona, 85201 EE.UU.
(480) 646-9401
www.barriozona.com
info@barriozona.com

EDITOR
Eduardo Barraza

DIRECTORA DE DISEÑO
Yolie Hernández

COLABORADORES
Cynthia Arvide
Miguel Dimayuga
José Quintero

VENTAS
e-store@hisi.org
(480) 646-9401

ILUSTRACIÓN DE PORTADA POR
José Quintero

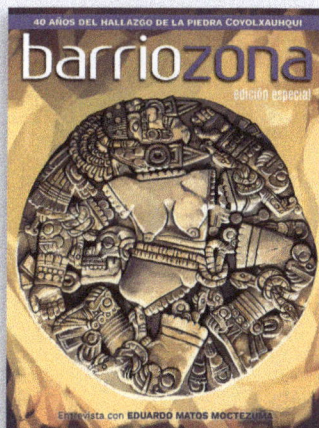

Barriozona Magazine es una revista sobre temas sociales, historia y cultura que se publica en línea por el Instituto Hispano de Asuntos Sociales. La presente es una edición especial impresa que se publica trimestralmente.

LA PIEDRA COYOLXAUHQUI

Hallazgo clave de la arqueología mexicana

HACE 40 AÑOS, la pala de un trabajador de obras públicas produjo el hallazgo de una gran piedra labrada, oculta bajo un viejo edificio del centro de la Ciudad de México. Días después, el hallazgo del misterioso monolito en una metrópoli habituada a los descubrimientos arqueológicos se convertiría en una sensacional noticia, y semanas después anunciaría el preámbulo de una época dorada para la arqueología mexicana.

El privilegio de este fortuito encuentro en 1978 no correspondió, como podría suponerse, a un arqueólogo, sino a un trabajador de una compañía de energía eléctrica, que en la penumbra de la madrugada buscaba, no reliquias del México antiguo, sino excavar una zanja en un área rodeada por edificios coloniales y algunos vestigios arqueológicos, así como por una historia latente que aguardaba ser revelada.

Aquel golpe de pala sobre la antigua piedra detuvo la obra pero proclamaría el comienzo de otra: la de un transcendental trabajo arqueológico que se extendería durante décadas. Este extraordinario hallazgo conduciría a la creación de un proyecto masivo de excavación e investigación en el centro del entonces llamado Distrito Federal, que presenciaría en los meses y años por venir el asombroso resurgimiento de las ruinas del más importante edificio religioso de Tenochtitlan, el Templo Mayor de los mexicas.

Los primeros trabajos a fin de establecer la identidad de aquella enigmática piedra concluyeron que se trataba de una representación de la deidad de la luna en la religión politeísta de los mexicas, la diosa Coyolxauqui. Para los estudiosos de la cultura azteca este nombre era conocido, pero el nombre Coyolxauhqui, el cual comenzaría a ser mencionado profusamente por los medios de comunicación, pronto pasó de ser un nombre raro y difícil de pronunciar a un referente en el imaginario colectivo de los mexicanos.

De esta manera, el choque de la pala del trabajador de la empresa "Luz y Fuerza del Centro" contra el monolito de Coyolxauqui la madrugada del 21 de febrero de 1978, no arrojó un simple hallazgo de una antigua pieza más —comunes en la ciudad— sino un vestigio clave que ayudaría a los arqueólogos a establecer finalmente la ubicación exacta del Templo Mayor, y a dar paso a la excavación de las ruinas de esta mítica estructura que permaneció oculta durante siglos.

En 2018, al cumplirse cuatro décadas de la aparición de esta magnífica obra de arte mexica, los mexicanos recuerdan este como un acontecimiento determinante en la historia contemporánea de su capital, ya que dio a los arqueólogos la oportunidad de derribar las barreras físicas que bloqueaban el acceso a un acervo de importantes conocimientos acerca de quienes fundaron Tenochtitlan en 1325.

El encuentro de la piedra de la diosa azteca de la luna sirvió, por tanto, como una válvula de escape que liberó ese vasto cúmulo de conocimiento histórico y evidencia física que permanecieron enterrados por centurias, tras la derrota y destrucción del imperio mexica a manos de los conquistadores españoles y sus aliados indígenas.

La preponderancia del hallazgo de la escultura de Coyolxauhqui no reside solamente en la piedra misma, sino en el efecto dominó que derivó en el caudal de descubrimientos posteriores, y que han continuado a través de estos 40 años, gracias al trabajo permanente de los arqueólogos y otros especialistas en múltiples disciplinas académicas. Sin duda, el notable legado de este encuentro del México de finales del siglo XX con su pasado mexica va aún más lejos cuando se considera su impacto en la historia y la cultura mexicanas, que se enriquecen con el estudio y comprensión de las ruinas de esta poderosa civilización indígena, que en su apogeo llegó a controlar la mayor parte del centro de México, y algunos territorios más distantes de Mesoamérica.

—El Editor

La revolución arqueológica de
COYOLXAUHQUI

Texto y fotografías por Eduardo Barraza

NI EL HALLAZGO DEL MONOLITO de la Piedra del Sol o el de la diosa azteca Coatlicue, ni otros descubrimientos arqueológicos hechos a través de cientos de años después de la Conquista, causaron lo que el monolito de Coyolxauhqui en 1978, al ser encontrado casualmente por una cuadrilla de trabajadores de obras públicas bajo un edificio en una esquina del centro de la Ciudad de México.

El pétreo y súbito hallazgo de la representación de la diosa de la luna en la religión mexica vino a confirmar definitivamente la ubicación precisa del Templo Mayor de Tenochtitlan, dio paso a la subsiguiente excavación masiva de sus ruinas, y a una exhaustiva y fascinante investigación interdisciplinaria. El hallazgo vino a aumentar en gran manera el acervo de conocimiento acerca de la cultura mexica que hasta entonces se tenía, y a sacar a luz los asombrosos vestigios del principal centro religioso de los aztecas.

El México de finales de la década de los 70s se maravillaría con la noticia de tan inusitado hallazgo en pleno corazón de la ciudad, pero lo que vendría después —la excavación de los remanentes del templo y el hallazgo de miles de artefactos— sería aún más sorprendente. Además, esto vendría a culminar muchos años de especulación e incertidumbre, a descorrer un velo de misterios históricos y a dar paso a una nueva época de reencuentro con los orígenes del pueblo que daría nombre a una nación.

La aparición de la piedra de la

deidad mexica de la luna bajo la capa de concreto abrió una puerta al pasado como ningún otro hallazgo previo, y sirvió como un tragaluz simbólico que vino a alumbrar la oscuridad y relego a la que la empresa conquistadora y destructora de los españoles condenó el imperio de los aztecas. La piedra de Coyolxauhqui representó el parteaguas que señaló un antes y un después en la arqueología urbana de la capital mexicana, y también en la historia e identidad de un pueblo en perenne búsqueda de su cultura truncada violentamente.

Antes del encuentro del monolito de Coyolxauhqui, el conocimiento e información disponibles acerca del mítico centro religioso de los mexicas consistía mayormente en descripciones escritas por cronistas y estudiosos de varias épocas, en analogías con otras ruinas arqueológicas descubiertas, así como en descubrimientos individuales y parciales en torno al Templo Mayor. Por tanto, la reacción en cadena provocada por el descubrimiento del 21 de febrero de 1978 significó, por un lado, la culminación de una larga búsqueda y, por otro, el comienzo de un encuentro con el pasado que yacía latente en espera de su descubrimiento en el subsuelo del centro de la ciudad.

La Zona Arqueológica del Templo Mayor es uno de los mayores atractivos turísticos en la Ciudad de México. Desde la Plaza Manuel Gamio, visitantes como estos pueden admirar las ruinas de templo

En busca del Templo Mayor de Tenochtitlan

A través de los siglos, siguiendo la devastación casi total del Huey Teocalli mexica, el interés acerca del núcleo arquitectónico de la vida religiosa de los aztecas se logró mantener activo en mayor o menor medida en diferentes periodos de la vida de la Ciudad de México.

"Los fundamentos para la investigación del Templo Mayor se asentaron en el siglo XVI, comenzando en los 1520s, casi inmediatamente después de la Conquista, con los informes basados en los testimonios oculares de los conquistadores", explica la historiadora de arte Elizabeth Hill Boone. La investigadora estadounidense indica que en los siglos posteriores a la supresión de la cultura mexica, algunas de las principales fuentes de información relacionadas al Templo Mayor de las que se valieron los historiadores fueron, entre otras, los relatos de frailes mendicantes, la segunda carta de las *Cartas de relación*, escrita por Hernán Cortés (1520), el relato del conquistador Andrés de Tapia, la *Historia verdadera de la conquista de la Nueva España*, por Bernal Díaz del Castillo, y otros manuscritos de autores como Toribio de Benavente Motolinia, Diego Durán y Bernandino de Sahagún.

Estos y otros informes y estudios sirvieron como base para formar el conjunto de conocimiento que se tuvo disponible acerca del Templo Mayor, cuya ubicación exacta llegó a olvidarse después de varias generaciones. Mientras que algunas fuentes de información fueron directas y testimoniales, otras fueron secundarias, ya que dependieron en mayor o menor medida en la difusión de datos primarios, y no en un testimonio ocular propio. De hecho, algunos de quienes escribieron no solamente acerca del Templo Mayor pero en general de Tenochtitlan, nunca pisaron el llamado Nuevo Mundo. Tal es el caso de Francisco López de Gómara, autor de *Conquista de México, Historia general de las Indias,* y del cronista real Pedro Mártir de Añilería, quienes redactaron sus propios escritos partiendo de los reportes recibidos de testigos oculares, y no de sus propias observaciones personales. Escribir historia no es una tarea fácil, y es de entenderse que aunque muchos informes fueron retransmitidos fidedignamente, otros se malentendieron y tergiversaron. Inclusive, existe una fuente de información escrita por un autor desconocido a quien se le asignó el nombre de Conquistador Anónimo, cuyo material ha sido validado por unos y desestimado por otros. Hill Boone afirma que "…aparentemente también hubo muchos datos contradictorios, mucho error, y mucha mala interpretación". Esto ocasionó que para el siglo XVIII, la información en torno al Templo Mayor fuera errónea en algunas maneras.

Quienes se avocaron a la ardua tarea de documentar, redescubrir y rescatar algo de lo que los conquistadores se esforzaron en destruir en su cometido de edificar la Nueva España, tuvieron que enfrentar la realidad de que la obra de construcción española se había valido para cimentar los nuevos edificios coloniales de mucho del mismo material original empleado por los mexicas en sus edificaciones. De esta manera, lo que para la arquitectura mexica llegó a ser de gran estima, valía y orgullo, se convirtió en las bases de un gran número de edificios coloniales que aún están en pie en la actualidad. En su afán de suprimir la estructura política, religiosa y cultural de los mexicas y reemplazarla con su propio sistema, los conquistadores y frailes utilizaron intencionalmente estatuas aztecas para los cimientos y muros de la nueva infraestructura. Afortunadamente para los investigadores de varias épocas, el tiempo arrojaría hallazgos inesperados, comprobando así que muchas piezas arqueológicas permanecieron casi sin ser alteradas.

Hallazgos extraordinarios

Dos siglos y medio después de consumada la Conquista, un renovado interés en la cultura azteca se avivó, debido principalmente a tres insólitos e importantes hallazgos ocurridos en 1790 y 1791. El monolito de Coatlicue (13 de agosto de 1790) y la Piedra del Sol o Calendario Azteca (17 de diciembre de 1790), fueron encontrados en pleno Zócalo, durante los trabajos de excavación de un canal subterráneo frente a Palacio Nacional. El año siguiente, el 17 de diciembre de 1791, se encontró otro gran monolito, la Piedra de Tizoc —séptimo tlatoani mexica— cerca de una de las esquinas de la Catedral Metropolitana. En 1792, otros hallazgos fueron documentados, al igual que los tres monolitos

Esta enorme piedra labrada representa a la deidad mexica de la tierra, Coatlicue, hallada en la Ciudad de México en 1790. Se exhibe en el Museo Nacional de Antropología.

monolitos de Coatlicue y Tizoc serían enterrados de nuevo durante un tiempo después de su descubrimiento.

Estos hallazgos eventualmente propiciaron el establecimiento del Museo Nacional Mexicano en 1825. Debido al gran interés que se había levantado en Europa en torno a los descubrimientos, en 1829 se aprobó una ordenanza que le dio al gobierno mexicano el derecho de negar la compra de antigüedades arqueológicas. En marzo de 1830, una enorme cabeza de piedra de la diosa lunar Coyolxauhqui se sumaría al creciente número de hallazgos de estos objetos, que salían a la luz con más y más frecuencia.

Lejos se estaba todavía de establecer con exactitud muchos de los detalles de los objetos encontrados, y más de una vez estos fueron identificados erróneamente. Esto se debía a que muchas de las fuentes originales utilizadas habían tergiversado los nombres verdaderos de las deidades, la identidad de algunas piezas, y las descripciones y dimensiones de las estructuras de los mexicas, entre muchos otros factores. Debido también a la demolición masiva perpetrada durante la Conquista, se había creado irremediablemente un rompecabezas de grandes proporciones al destruir, desaparecer, dispersar y esconder miles de piezas claves para la reconstrucción intelectual del imperio devastado. El camino para la ubicación y rescate del templo era aún lejano, pero lenta y paulatinamente irían surgiendo pistas y objetos que producirían información escrita y pictórica valiosa, la cual contribuiría a otros descubrimientos por venir.

Hacia finales del siglo XIX se dieron algunos pasos importantes en el campo de la arqueología mexicana. El Museo Nacional de México pasó a ocupar un edificio más amplio, se creó la oficina del Inspector y Conservador de Monumentos Arqueológicos, y se incrementó la publicación de materiales en torno a la cultura azteca. Se le acredita al destacado historiador José Fernando Ramírez la interpretación correcta de trabajos previos que habían mal interpretado o identificado erróneamente varias de las piezas encontradas, la producción de una gran cantidad de documentos históricos, así como los avances en la interpretación iconográfica de esculturas aztecas en base al uso crítico de fuentes etnohistóricas.

mencionados, por el antropólogo mexicano Antonio de León y Gama, a quien, a pesar de la inexactitud de algunas de sus evaluaciones, se le considera el fundador de la ciencia de la arqueología azteca.

Lejos de ser destruidos o reciclados como material de construcción en nuevas obras arquitectónicas, estos descubrimientos arqueológicos tuvieron la fortuna de ser conservados y valorados en cierta medida por el gobierno colonial de Juan Vicente de Güemes Pacheco y Padilla, virrey de la Nueva España. "Donde una vez estas piedras hubieran sido quebradas o reusadas, fueron consideradas de nuevo como monumentos de cultura a finales del siglo XVIII, y fueron preservadas generalmente en un creciente número de colecciones privadas", comenta la historiadora Hill Boone. Curiosamente, los

DESCUBRIMIENTO PARCIAL DEL TEMPLO

En el ocaso de ese siglo, la búsqueda por la ubicación de las ruinas del templo, así como la descripción del mismo, tuvieron algunos avances acertados y revolucionarios, pero la falta de suficiente evidencia material continuaba haciendo errar a los investigadores de aquella época. En la aurora del siglo XX, la búsqueda para establecer la ubicación exacta de lo que en el esplendor de la cultura mexica fuera la estructura de más altura produjo algunos resultados aproximados a través de los trabajos de Leopoldo Batres y Manuel Gamio, ambos pioneros de la arqueología moderna en México, así como mediante las investigaciones de los eruditos de la cultura azteca, el antropólogo alemán Eduard Georg Seler, y el historiador mexicano Francisco del Paso y Troncoso.

Batres llevó a cabo importantes excavaciones en varias zonas arqueológicas de México durante la época de la presidencia del presidente Porfirio Díaz, principalmente en Teotihuacan. En 1900, cuando fungía como Inspector General de Monumentos Arqueológicos, en su intento por localizar el templo realizó excavaciones en la Calle de las Escalerillas (posteriormente llamada República de Guatemala). Batres llevó a cabo su trabajo a lo largo de una línea del drenaje que sería instalada en dirección este-oeste, cruzando por el lado norte de la Catedral Metropolitana, abriendo una zanja a través de parte de las ruinas del Templo Mayor y cruzando por su recinto ritual. Se dice que el arqueólogo carecía de

No muy lejos del punto donde fue encontrada en febrero de 1978, la piedra de Coyolxauhqui se exhibe en el Museo del Templo Mayor, contiguo a la zona arqueológica.

mayor habilidad técnica y de suficiente mano de obra, pero se acreditó el hallazgo y clasificación de diversas piezas. Entre sus descubrimientos más importantes están una escalinata ubicada en la fachada poniente del templo, una cabeza de serpiente de piedra, fragmentos de una cabeza de Xolotl, dos altares de cráneos, una pieza de losa de piedra con serpientes emplumadas en los lados, varios ídolos, ollas y vasos policromos usados como incensarios. También había cuchillos grandes de piedra, conchas marinas y de caracol, osamentas de animales, collares de abalorio (cuentas), campanas de cobre, dos atlantes Ehécatl y otros artefactos más. Sin interpretarlo así, Batres había excavado a través de varios depósitos de ofrendas en el mismísimo sitio de las ruinas del templo. Sin embargo, Batres creía que la ubicación exacta del Templo Mayor estaba a escasa distancia bajo la imponente estructura de la catedral, construida entre 1571 y 1813. El templo había sido encontrado, pero Batres no llegó a interpretarlo así.

En mayo de 1914, mientras la Revolución Mexicana sacudía los cimientos políticos, económicos y sociales de gran parte del país, el arqueólogo Manuel Gamio llevó a cabo excavaciones en la esquina de la Calle Seminario y Santa Teresa (llamada después Guatemala) que produjeron resultados trascendentales. Gamio descubrió un conjunto piramidal de tres plataformas que resultó ser nada menos que una de las esquinas de las ruinas de templo mexica, hallazgo que se reafirmaría plenamente más de 60 años después, tras la aparición de Coyolxauhqui en 1978. Las exploraciones de Gamio se basaron esencialmente en la demolición de edificios, y sacaron también a la luz una enorme serpiente de piedra al pie de una barandilla orientada hacia el poniente y situada en medio de dos escalinatas, además de 500 piezas arqueológicas. El trabajo de Gamio pondría así fin a las teorías erróneas sobre la verdadera ubicación del templo.

MÁS DESCUBRIMIENTOS

Dos décadas más tarde, en 1933, el arquitecto Emilio Cuevas revisitó la misma área explorada anteriormente por Gamio, y descubrió varias estructuras de la construcción del templo. Años después, trabajos de ampliación hechos por los arqueólogos Elma Estrada Balmori y Hugo Moedano revelaron una plataforma que contenía serpientes de piedra y ofrendas con varias piezas arqueológicas depositadas en ellas.

Es oportuno mencionar que los hallazgos relacionados a la cultura mexica no se limitaron al sitio de las ruinas del templo. De la década de los años 20s a la de los 40s, varios objetos de gran valor histórico también fueron encontrados en las inmediaciones de la Plaza de la Constitución, mejor conocida como Zócalo. Entre ellos el Teocalli de la Guerra Sagrada (una especie de réplica monolítica en miniatura de un templo), que si bien había sido localizado en 1831, no se removió del sitio de su hallazgo hasta la década de los 20s. Este monolito se encontraba debajo de los cimientos del Palacio Nacional. También surgieron a la luz una escultura de Chac Mool, objetos de cerámica y varias estatuas.

La década de los 60s también traería sus propios hallazgos arqueológicos, entre ellos un adoratorio perteneciente a las ruinas del templo, localizado y rescatado entre 1964 y 1965 por el arqueólogo Eduardo Matos Moctezuma, quien poco más de una década después encabezaría el Proyecto Templo Mayor.

En esas fechas, el impresionante crecimiento de la población de la Ciudad de México, calculado a mediados de esa década en casi cinco millones de habitantes, había disparado la exigencia por transporte público suficiente y adecuado para satisfacer la llamada explosión demográfica. Así surgieron los planes para desarrollar un sistema de transporte masivo, rápido y eficiente que eventualmente se convertiría en el Sistema de Transporte Colectivo, mejor conocido como Metro, que en la actualidad se compone de 12 líneas.

La construcción del ambicioso sistema de transporte eléctrico, así como las consiguientes excavaciones a lo largo de la fase de construcción subterránea del Metro, sacaron a la luz sorprendentes hallazgos, en particular un adoratorio al dios Quetzalcóatl/Ehécatl, que fue localizado, preservado y puesto en exhibición permanente en la Estación Pino Suárez de la Línea 2 del Metro. También fue hallada una escultura de Coatlicue. Como es de entenderse, el objetivo central de estas obras era la construcción del tren urbano subterráneo, por tanto carecieron de un plan integrado de excavación y propósito, aunque contribuyeron a acelerar

En 1914, el arqueólogo Manuel Gamio descubrió sin saberlo una esquina del Templo Mayor, con esta serpiente de piedra. Más de 60 años después se confirmaría el sitio del templo.

el ritmo de las excavaciones de tipo arqueológico. Es importante aclarar que estos y otros descubrimientos fueron muy dispersos o aislados y sin aparente relación entre sí para ser reunidos.

En 1975 y 1976, algunas excavaciones se llevaron a cabo bajo la catedral, durante las que la arqueóloga y etno-historiadora mexicana Constanza Vega Sosa recopiló un reporte unificador que trató estas excavaciones, y otras anteriores al Metro, efectuadas alrededor de este inmueble religioso. Ella y otros expertos encontraron evidencia de cerámica de una ocupación del siglo XII en adelante, así como indicaciones de dos periodos de inundaciones, una de las cuales parece haber destruido un asentamiento previo al de Tenochtitlan alrededor del año 1200, y otra que posiblemente puede datar al gobierno de Moctezuma I (1440-1469) o al desborde del acueducto durante el gobierno de Ahuitzotl (1486-1502). A partir de los restos de varias estructuras, Vega Sosa identificó el Templo de Tonatiuh bajo el Sagrario de la catedral, el Templo circular de Quetzalcóatl-Ehécatl, justo al norte de este en el jardín este del inmueble religioso, una pirámide rectangular al norte de este, y otra estructura circular. Al sureste de la fachada de la catedral estaba una pirámide orientada hacia el oeste.

Los trabajos dentro de un periodo de casi dos dé-

cadas, de 1960 a 1978, sentaron de alguna manera el fundamento arqueológico para hacer posibles las excavaciones realizadas de 1978 a 1982 de las ruinas del Templo Mayor. Se debe tener en cuenta que muros, serpientes, barandillas y entablados habían sido encontrados previamente, y que el carácter general del Huey Teocalli había sido comprendido, pero las excavaciones para la construcción del Metro y otras después de 1960 revelaron otra clase de estructuras —capillas pequeñas pintadas con patios, templos circulares— y dieron luz a varios grupos de artefactos. De particular importancia fueron las ofrendas encontradas después de 1960. Previamente, León y Gama, Batres y otros habían encontrado ofrendas sin reconocer el contexto de las mismas. Estos expertos vieron artefactos en vez de ofrendas, hasta que la ofrenda descubierta por el arqueólogo Eduardo Conteras alrededor de 1967 en el área del Templo Mayor hizo la naturaleza de estos más clara. Las excavaciones hechas en los 60s y 70s, por tanto, anunciaron muchos de los aspectos de los hallazgos posteriores a 1978.

Así, durante muchas décadas después de estos trabajos, el tráfico vehicular y de peatones sobre la cinta asfáltica alrededor del área del Templo Mayor se desplazaría incesantemente, casi sin sospechar que en el subsuelo yacía una grandeza arqueológica latente.

APARECE EN LA ESCENA COYOLXAUHQUI

El monolito de Coyolxauhqui fue encontrado la madrugada del 21 de febrero de 1978 por Mario Alberto Espejel Pérez, empleado de la Compañía de Luz y Fuerza del Centro, mientras él y otros trabajadores cavaban una zanja en la esquina de las calles de Guatemala y Argentina, en el centro de la Ciudad de México, muy cerca del área del Zócalo.

La revista National Geographic, en su edición en inglés de diciembre de 1980, cita a Espejel Pérez relatando el hallazgo de la siguiente manera: "Mi pala pegó en algo duro, una piedra. Limpié algo de tierra con mi guante, y vi que la piedra era rojiza y que estaba labrada en relieve. Le hablé a mi compañero Jorge, y quitamos más tierra. No sabíamos lo que habíamos encontrado, pero lo reportamos a nuestro jefe de grupo y los ingenieros… Cuando se estaba construyendo el Metro, los periódicos hablaban de muchos descubrimientos del tiempo de los aztecas. Y claro, en la escuela, mis maestros hablaban mucho de esas cosas".

El de la piedra Coyolxauhqui fue en sí mismo un hallazgo arqueológico sorprendente que causó sensación a finales de la década de los años 70s. No obstante, su descubrimiento fue más allá de ser un simple encuentro con otro objeto del pasado al que los mexicanos estaban más o menos habituados, más recientemente en los años en que se llevó a cabo la primera etapa de construcción del Metro, realizada de 1967 a 1972.

La gran piedra de la diosa lunar del panteón mexica llegó así a convertirse en el parteaguas de la arqueología urbana en la Ciudad de México, y significó la apertura del camino para el reencuentro determinante —después de siglos— con la estructura religiosa más importante y de mayores dimensiones arquitectónicas de la gran Tenochtitlan.

Así, el monolito descorrió el velo para el advenimiento de uno de los más grandes trabajos arqueológicos urbanos, el Proyecto Templo Mayor. En palabras del destacado arqueólogo mexicano Eduardo Matos Moctezuma, se tuvo la "oportunidad casi única, de

Tras la excavación de las ruinas del Templo Mayor, estas se sumaron al paisaje del centro de la Ciudad de México, creando una magnífica estampa de una gran metrópolis forjada por tres culturas.

romper la gruesa capa de concreto que cubre la ciudad, y asomarnos a la ventana del tiempo a través de la arqueología, para recuperar el tiempo ya ido…"

Los mexicanos de las últimas cuatro décadas han vivido, gracias a la excavación de las ruinas del Templo Mayor, una época privilegiada al poder rescatar muchas piezas de un gran rompecabezas cultural que ha reafirmado su rica identidad histórica.

Los constantes descubrimientos como el del monolito Tlaltecuhtli en 2006, un cuauhxicalco del recinto sagrado en 2011, o el gran Tzompantli en 2015 —hallazgos producto de los continuos trabajos del Programa de Arqueología Urbana— son sólo muestras de la revolución arqueológica propiciada por el hallazgo del monolito de Coyolxauhqui hace 40 años. El encuentro de esta escultura, incluso sin ser tan reconocible como la Piedra del Sol, vino a revolucionar el conocimiento de la cultura mexica al propiciar la institución de todo

un proyecto dedicado en su totalidad al rescate del templo, y a crear una reacción en cadena de bonanza arqueológica en el centro de la ciudad, que no ha cesado desde 1978.

En ese contexto de obras continuas de excavación en lo que fuera el centro ceremonial de los aztecas, el futuro cercano augura no solamente más hallazgos sorprendentes, sino una noción más avanzada y precisa de lo que fue parte de la gran Tenochtitlan. 🔊

Eduardo Barraza. Editor de Barriozona Magazine, fundador y director del Instituto Hispano de Asuntos Sociales. Autor del libro *Los zapatos del inmigrante y otros escritos*. @barriozona

HALLAZGOS ARQUEOLÓGICOS RECIENTES

El hallazgo del monolito de Coyolxauhqui dio paso a la eventual creación de dos proyectos arqueológicos de gran magnitud: el Proyecto Templo Mayor y el Programa de Arqueología Urbana. Ambos proyectos han producido una enorme cantidad de hallazgos en los últimos 40 años, incluyendo el rescate de las ruinas del templo y todo lo encontrado en ellas, así como muchos otros en donde estuvo el centro ceremonial de los mexicas, enterrado en un área que abarca siete cuadras del centro de la Ciudad de México. Debido a la continuidad de los trabajos, se pueden esperar muchos más hallazgos a medida que las excavaciones se llevan a cabo. A continuación se incluyen algunos de los más recientes descubrimientos.

Foto: INAH

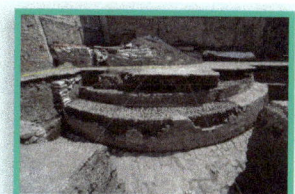
Foto: INAH

TLALTECUHTLI

En octubre de 2006 se dio a conocer un impresionante hallazgo arqueológico en las inmediaciones de las ruinas del Templo Mayor. Arqueólogos del Programa de Arqueología Urbana del Instituto Nacional de Antropología e Historia (INAH), dieron a conocer el descubrimiento de una escultura mexica más grande que el monolito de Coyolxauhqui. La escultura fue identificada como una representación en piedra de la diosa Tlaltecuhtli, descrita por el INAH como una deidad "a todo color", y en cuya iconografía hace referencia al ciclo vida-muerte, y a la tierra como devoradora de cadáveres. El colosal monolito mide 4.17 por 3.62 metros, tiene cerca 40 centímetros de espesor y pesa 12 toneladas. El hallazgo fue hecho en la misma intersección de las calles República de Argentina y Guatemala, en el Centro Histórico de la Ciudad de México, donde la piedra de Coyolxauhqui fue descubierta en 1978. La piedra de Tlaltecuhtli se exhibe en el Museo del Templo Mayor, ocupando el lugar central por ser la escultura más grande encontrada hasta ahora.

CUAUHXICALCO

En octubre de 2011 se informó acerca de una plataforma circular conocida como Cuauhxicalco, o edificio ceremonial, en la que según las fuentes históricas se incineraba a los tlatoanis (gobernantes) mexicas. Esta se encontró en el área del recinto sagrado de los mexicas, frente a las ruinas del Templo Mayor. Se estima que la plataforma de grandes dimensiones tiene 500 años de antigüedad. La estructura mide 15 metros en diámetro y 1.5 de altura, y está decorada con 19 esculturas en forma de cabeza de serpiente de piedra. La pieza se encontraba a cinco metros de profundidad. Fue construida a base de piedras de tezontle, unidas con lodo, y con recubrimiento de estuco. Alrededor de ella se aprecia una serie de esculturas con la forma de cabezas de serpiente empotradas a manera de clavos arquitectónicos. Algunas de las cabezas de serpiente fueron hechas en toba y las más grandes en basalto. El cuauhxicalco está a la vista del público en el nuevo vestíbulo que da acceso a las ruinas y al Museo del Templo Mayor.

GRAN TZOMPANTLI

En agosto de 2015 se dio a conocer un impactante hallazgo bajo una vieja casa contigua a las ruinas del Templo Mayor: el Gran Tzompantli de Tenochtitlan, una plataforma rectangular de casi 35 metros de longitud. En su núcleo tiene un elemento circular hecho con cientos de cráneos humanos pegados unos con otro con argamasa de cal, arena y gravilla de tezontle, formando un tétrico muro de calaveras. Algunos de los cráneos muestran orificios en las sienes, y según los especialistas pertenecieron a hombres adultos jóvenes, aunque también se identificaron cráneos de mujeres y niños. A pesar de que parte del tzompantli fue destruido durante la época colonial, aún permanecen vestigios de los orificios de los postes de madera donde se insertaban estos cráneos, cuya mayoría suponen los arqueólogos podrían ser de enemigos de los mexicas de diversas regiones de Mesoamérica que ellos capturaban, sacrificaban y decapitaban como muestra de su dominio. Fuentes históricas de los conquistadores, frailes y cronistas de la conquista mencionan cinco tzompantlis, y se cree que el encontrado era el mayor de ellos.

TEMPLO DE EHECATL Y ESQUINA DE LA CANCHA DEL JUEGO DE PELOTA

Tras años de excavaciones continuas en el área posterior a la Catedral Metropolitana, se dio a conocer en junio de 2017 el hallazgo de los restos un antiguo templo, así como de una esquina de la cancha del Juego de Pelota de Tenochtitlan. El templo se identificó como el principal que fue edificado por los mexicas a Ehécatl, su dios del viento. El templo consiste en una estructura rectangular de 34 a 36 metros de longitud que en su parte posterior tiene anexados dos cuerpos circulares, el mayor con 18 metros de diámetro aproximadamente, y separados por un andador de 1.10 metros. También se descubrió una plataforma de nueve metros de ancho limitada por el cabezal poniente de la cancha del Juego de Pelota. En este espacio se identificaron los restos de una escalinata por donde los especialistas suponen que debieron ingresar los combatientes a la cancha ritual. Ambos hallazgos fueron realizados por el Programa de Arqueología Urbana, a cargo del rescate de las ruinas del recinto ceremonial de Tenochtitlan.

El simbolismo de Coyolxauhqui

PARA LOS MEXICAS, COYOLXAUHQUI representaba a la luna, esto es, al satélite natural de la tierra. Su origen parte de un ritual que requiere de estudio y un buen entendimiento del simbolismo de la religión mexica en general.

Al observar la naturaleza y los astros celestes, los mexicas percibían al sol (representado por Huitzilopochtli, dios de la guerra) como a un ser que les proporcionaba la luz. Al llegar la noche, interpretaban a la luna como una diosa antagónica que en sus diferentes fases: luna nueva, cuarto creciente, luna llena, y cuarto menguante, se "partía", "descuartizaba", o "desmembraba" a causa de la luz solar.

De esta manera, el sol (Huitzilopochtli) descuartizaba como "castigo" a la luna (Coyolxauhqui) por tratar de "matar" a la tierra (representada por Coatlicue, madre de los dioses y de la tierra). En la noche, como es natural, el sol desaparecía del firmamento de Tenochtitlan, retirando sus dones vitales, y por ende, intentando "matar" a la tierra, a la que los mexicas veían como "madre" de la que salían al nacer y volvían al morir. Por ser todos astros celestes, los mexicas "emparentaron" a Huitzilopochtli y Coyolxauhqui como hermanos entre sí, y ambos como hijos de Coatlicue.

Los aspectos cambiantes de la luna correspondían, desde luego, a los ciclos del movimiento de traslación de la misma, y los del mismo planeta tierra, así como su relación de posición con el sol. Los mexicas deificaron, esto es, le dieron carácter divino a los elementos de la naturaleza porque reconocían el beneficio que estos representaban para su bienestar. Temían y trataban de complacer a elementos como la lluvia y la luz solar, pues estaban ciertos que estos producían el desarrollo y el crecimiento de las plantas, por ejemplo. Los antiguos mexicas no tenían el conocimiento ahora disponible acerca de los efectos que produce el sol en ciertos organismos vivos por medio de la fotosíntesis, pero veían esos efectos, y de ahí la veneración a Tláloc y Huitzilopochtli, entre otras deidades.

Coyolxauhqui, así, está esencialmente ligada a la mitología mexica o azteca. Su nombre significa "la que se ornamenta las mejillas con cascabeles", y representa a la diosa mexica lunar. Mitológicamente, Coyolxauhqui es hija de Coatlicue. La representación hecha por los mexicas en sus esculturas es la de una mujer descuartizada o desmembrada. Su hermano Huitzilopochtli es a quien se responsabiliza de su desmembramiento en base a un elaborado mito.

Desde la perspectiva del arte, sin duda el monolito de Coyolxauhqui es una magnifica pieza elaborada evidentemente por uno de los mejores artistas mexicas. 🌀

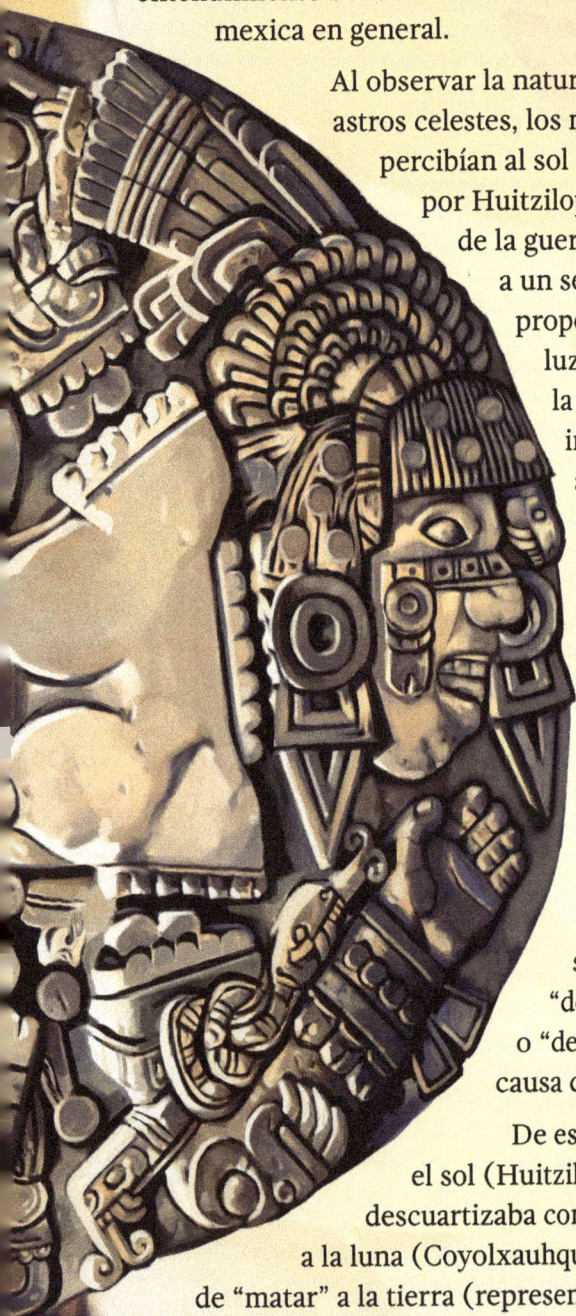

CARACTERÍSTICAS DEL MONOLITO

Ilustración por José Quintero
@Pepe_Quintero

Diámetro: Entre 3.04 y 3.25 metros (9.98 y 10.67 pies)

Espesor: 30 centímetros (11.8 pulgadas)

Peso: 8 toneladas (16 mil libras)

Forma y material: El monolito es una masa semicircular hecha con roca volcánica clasificada como andesita de lamprobolita de color rosa claro. La piedra tiene una fractura transversal causada por la presión y el peso al que estuvo sometida al estar enterrada durante siglos.

Lugar de exhibición: Museo del Templo Mayor, Ciudad de México

Eduardo Matos

MOCTEZUMA

El nuevo rostro del

MEXICA

Entrevista por **CYNTHIA ARVIDE**

Foto: **MIGUEL DIMAYUGA** | Procesofoto

El arqueólogo mexicano Eduardo Matos Moctezuma es la autoridad de la arqueología en México y un referente internacional en esta materia. En 2018 cumple cuatro décadas de haber iniciado el Proyecto Templo Mayor —su máximo legado— y uno de los proyectos arqueológicos más importantes en el mundo, que sacó a la luz las ruinas del Templo Mayor en el corazón de lo que fue el gran imperio mexica. Durante este tiempo, el prominente investigador ha formado grandes generaciones de arqueólogos, así como aportado al mundo un vasto conocimiento sobre los pueblos prehispánicos de México a través de extensos trabajos de campo, investigaciones y publicaciones, entre otros muchos logros. Barriozona Magazine entrevistó al profesor Matos Moctezuma acerca de su profesión, sus trabajos más relevantes y sus actuales proyectos.

Se inician las excavaciones del Templo Mayor en 1978. ¿Llegó a temer que los españoles no hubieran dejado vestigios reconocibles del Templo Mayor?

Nosotros teníamos a la vista parte del Templo Mayor que había sido excavado en 1914 por Manuel Gamio; veíamos algunos restos de una esquina del Templo Mayor. Entonces iniciamos nuestros trabajos y afortunadamente fue mucho lo que pudimos encontrar de las diversas etapas constructivas del edificio, de ofrendas, gran cantidad de materiales.

Todos estos artefactos, lo que sobrevivió del templo, los restos óseos, ¿qué revelan sobre la forma en que los españoles destruyeron esa gran estructura y trataron a este lugar?

Vemos que hay, primero, una lucha militar. Y que una vez obtenido el triunfo el 13 de agosto de 1521, con las fuerzas de Cortés y sus aliados indígenas, enemigos de los mexicas, entonces va a comenzar una guerra ideológica, y esa guerra ideológica va a traer como consecuencia la destrucción de templos, de esculturas, de lo que ellos consideraban obra del demonio. El Templo Mayor es un claro ejemplo de cómo se llevó a cabo esa destrucción por parte de los españoles; al destruir, sobre todo la última etapa constructiva, prácticamente hasta los cimientos del edificio.

Sobre la arqueología, algunas personas dicen: ¿para qué desenterrar el pasado? ¿Qué les responde usted, alguien que lo ha hecho su pasión y profesión?

Yo les diría a esas personas que todos los pueblos de la tierra en general desean conocer su historia, y la arqueología es historia. Entonces todos estos hallazgos son parte de nuestra historia. He ahí la importancia que cobra el poder conocer esos restos que nos hablan, nos dicen de toda una civilización en un momento dado y sus características.

¿Cuál fue su primera impresión al ver aquella misteriosa piedra de Coyolxauhqui cuando se halló?

Mi primera impresión fue que era realmente una obra de un gran artista mexica. Porque poder elaborar esa figura de una mujer muerta, decapitada, desmembrada, y darle ese movimiento a brazos y piernas realmente es notable.

Esta pieza señala la entrada a las ruinas del templo. ¿Podría decirse que el mito de aquella diosa mexica derrotada triunfa al final sobre los mitos de sus enemigos?

No, porque la mataron, no triunfa. Conforme al mito, ella es hija de la tierra, de Coatlicue, e incita a sus hermanos a que vayan al cerro de Coatepec, el cerro de la serpiente, precisamente para matar a su madre porque esta ha quedado embarazada y no hay explicación para aquel embarazo, entonces indignados los hijos, y comandados por Coyolxauhqui, empiezan a subir por el cerro de Coatepec para tratar de matar a su madre. Pero Huitzilopochtli, que es el que está en el vientre

Foto: Cynthia Arvide

materno, le dice a su madre que no se preocupe, que él la va a defender y que le digan solamente por dónde vienen subiendo sus hermanos para él ver el momento preciso de nacer y combatir contra ellos. Así ocurre, nada más que este mito así relatado tenemos que traducirlo. Y vemos cómo Huitzilopochtli es el sol, el sol joven, vigoroso, que nace cada mañana, parido por su madre, parido por la tierra, para despejar los poderes de la noche, traer la luz y vencer así a la luna, a Coyolxauhqui, y las estrellas son sus innumerables hermanos.

¿Por qué nos fascinaría tanto la piedra de Coyolxauhqui?

No lo creo tanto así, porque Coyolxauhqui, antes del hallazgo y de que difundiéramos el mito, su simbolismo... para la mayoría de la gente era prácticamente desconocida. Más bien del año 1978 hacia adelante es cuando empieza a tomar auge. Pero pienso que hay deidades en el México antiguo que tienen, todavía tienen, una mayor presencia, como es Quetzalcóatl, Huitzilopochtli.

De las entrañas de la Ciudad de México, ¿qué más cosas podríamos esperar descubrir y observar en adelante?

La Ciudad de México cubre muchas ciudades prehispánicas, muchas villas, muchos restos de la antigüedad, desde épocas muy tempranas hasta el momento de los mexicas, y de otros grupos que estaban asentados y que fueron cubiertos al paso del tiempo; o sea que todavía hay mucho que excavar en la ciudad.

La arqueología viaja al pasado, pero ¿cómo supone que será la arqueología del futuro?

Yo no soy mago, por lo tanto no puedo anticipar hechos. Lo que sí he podido ver es que la arqueología ha ido desarrollándose de una manera impresionante. Cuenta con el apoyo de muchas disciplinas científicas, y es de esperar que la información que se recabe en un futuro

pueda ser cada vez mejor obtenida, mejor interpretada, y contar cada vez más con un apoyo decidido de toda una serie de disciplinas como la química, la física, la botánica, la geología, etc.

Imaginemos que vamos al futuro, digamos dentro de 300 años, ¿qué objetos descubrirían sobre nosotros? ¿Qué objetos se imagina que nos representarían como civilización para un arqueólogo futuro?

Bueno, si acaso la Tierra todavía existe y no nos la hemos echado al plato, están los vestigios de todas las ciudades del mundo, en general, o en particular del área que estamos trabajando, aquí tenemos una enorme plaza, circundada de edificios religiosos como la Catedral, edificios civiles, comerciales, etc. Habría trabajo para los arqueólogos del futuro, si es que llegamos.

¿Cómo ha influido tan vasto trabajo que usted ha realizado sobre las creencias religiosas de los mexicas en usted?

La arqueología tiene un objetivo determinado, y creo que en el caso del Templo Mayor, pues se ha ido logrando, paso a paso, ese objetivo. Llevamos ya 40 años de excavaciones en el lugar y eso ha permitido tener un conocimiento mayor de los mexicas. Yo he dicho recientemente que el Templo Mayor ha dado un nuevo rostro del mexica, a través de las excavaciones y de las obras que ellos realizaron y que han quedado ahí, y han podido ser rescatadas por la arqueología. Entonces, el impacto es de tipo académico. Nos forjamos hace 40 años un plan de investigación, el cual se fue llevando a cabo. Yo diría que ha sido muy fructífero; por lo tanto, lo que repercute en mí es una enorme alegría de haber podido dirigir todo un proyecto de investigación con colaboradores de primer orden.

Usted menciona que se vio un nuevo rostro del mexica. ¿Cómo cambió la percepción?

Teníamos ya una imagen a través de las fuentes escritas antes de los trabajos de excavación del

Templo Mayor. Gracias a esos trabajos, hemos podido ver y conocer muchos aspectos de su ritualidad en el Templo Mayor, hemos podido conocer lo que implican las ofrendas del Templo Mayor. El contenido de esas ofrendas nos ha llevado al análisis de los diversos materiales y allí se ha podido observar, por ejemplo, que los mexicas eran realmente un pueblo que destacaba, eran consumados taxidermistas, cosa que no conocíamos de ellos, por ejemplo. También hemos podido ver que aquello que llamábamos el zoológico de Moctezuma por tantos años, en realidad no solo era un zoológico, era el lugar en que se tenía toda la fauna, toda la flora que se empleaba; era un reservorio para llevar muchos de estos animales, estas aves, esta flora, a las ofrendas del Templo Mayor, dentro de rituales específicos. Hemos podido ver también que mucho de lo que nos decían las fuentes históricas, como Cortés, Sahagún, Durán y demás, en el caso del Templo Mayor, hemos podido ver cómo lo que ellos mencionan, arqueológicamente, se ha ratificado.

En cuestión personal, este libro de *Dioses, tumbas y sabios* fue importante en su juventud, después de esto sueña con ser arqueólogo. ¿Qué sueños quedarían por cumplir?

Después de 57 años en el Instituto Nacional de Antropología e Historia (INAH), en el que he realizado diferentes investigaciones, la más importante de ellas, la del Templo Mayor, realmente lo me que planteo ahora es terminar de escribir algunos libros, como uno sobre Tlatelolco —el lugar de la última resistencia indígena— y otros, uno sobre arte y arqueología.

Acerca del arte y la arqueología, ¿podría hablar un poco más sobre el observar la parte artística, estética? ¿Qué nos dice el arte de una antigua civilización?

El arte es una de las grandes expresiones que diferencian al hombre del animal, entonces ese poder creativo que el hombre tiene se plasma de diferentes maneras; en creación tecnológica y en creación estética. El caso del arte mesoamericano es muy importante porque es esa expresión del hombre como ente creador que puede transformar una piedra en una obra de arte. No todas las esculturas son obras de arte, desde luego. Pero sí hay logros muy significativos en el mundo prehispánico. En el libro quiero hacer ver cómo actualmente los estudios de estética prehispánica ya no atienden tanto a la estética. Se han ido hacia otros aspectos, muy importantes, pero que no tienen que ver con la estética. Ahora el historiador del arte habla, por ejemplo, de la cosmovisión, de los mitos, etc. O sea se ha metido en otros terrenos pero ha dejado, a mi juicio, a un lado la estética, el análisis estético. Eso es lamentable. Entonces quiero retomar ese aspecto estético, y poder analizar esas presencias y encontrar los patrones por medio de los cuales se llevan a cabo estas esculturas, pinturas, elaboración de cerámica, etc.

¿Nos puede compartir algunos ejemplos de piezas que le han llamado la atención para analizar?

Son muchas en realidad pero una de las ideas es precisamente que el arte prehispánico, visto desde esta perspectiva: arte como manifestación estética, realmente rompió todos los cánones que vemos en el mundo occidental. Tenemos piezas como la Coatlicue, monumental, está en el Museo Nacional de Antropología, y tiene un realismo abstracto, es una figura que nos lleva a los mitos. Igual, por ejemplo, tenemos una figura de Xochicalco, una cabeza de guacamaya, que realmente es impresionante tan solo observarla. Yo creo que Picasso hubiera firmado gustoso esta figura como la suya. No creo que el artista prehispánico que la hizo firmara las obras de Picasso como hechas por él.

¿Qué les diría usted a los jóvenes que ahora podrían soñar con dedicarse a la arqueología?

Foto: Secretaría de Cultura CDMX

No se necesita ser millonario para no morirse de hambre. Creo que eso es fundamental, y ya que se haya seleccionado el camino a seguir, pues leer mucho, sobre su materia, sobre otras materias, porque todo suma para ir enriqueciendo al joven.

Por último, ¿qué enseñanzas nos podrían dar los mexicas sobre la manera en que trataban a la Tierra, al medio ambiente?

Primero, había un buen conocimiento del medio ambiente y una visión general de esos elementos. Y deificaron muchas cosas. Los dioses habían tenido que ver en la creación de la tierra misma, del medio ambiente, del hombre mismo, de los animales... entonces, creo eso digamos, esos aspectos son muy importantes para estas sociedades antiguas, que tenían una visión, un tanto diferente a como la tenemos hoy en día, por eso es importante la historia.

¿Vivían más cercanamente esa relación? Nos hemos distanciado quizá.

Todo el mundo urbano, digamos del siglo XIX, siglo XX, XXI, son otros parámetros, obviamente, otros aspectos los que predominan, y eso ha hecho también perder ese contacto más directo con la naturaleza. Tenemos inclusive presencias como este señor Trump, que no le preocupa o desconoce, es un ignorante, que desconoce todo lo que está causando y lo estamos padeciendo, lo estamos viendo, y el señor parece no enterarse cuando está al frente de uno de los países más poderosos del mundo y que podrían contribuir mucho a que no estemos acabando con nuestro planeta.

Debemos dejar la esperanza a los jóvenes...

A los jóvenes y a los viejos inteligentes. 🔊

Lo que le he dicho a varios jóvenes cuando llegan y me dicen que ellos quieren estudiar arqueología, por lo general, me comentan que sus papás les dicen que se van a morir de hambre. Y yo siempre les digo: "A mí me dijeron igual, mi mamá me dijo o me dio a entender que me iba a morir de hambre, y mira, no me he muerto". Creo que se debe hacer lo que uno quiere. Punto. No estar pensando en que si me voy a morir de hambre o voy a ser millonario. Esa mentalidad capitalista que desgraciadamente opera en la gran mayoría de las personas. Que vean de adentro hacia afuera. No de afuera hacia dentro. Ese potencial que cada uno de ellos tiene que mostrarlo, tiene que demostrarlo. Pero en sí mismo. Deben seguir libres con sus convicciones y sus ideas. No dejarse influir por cosas que sobre todo sean vanas y materiales.

Cynthia Arvide. Periodista independiente especializada en temas sociales y culturales en la Ciudad de México. Es autora del libro *Muros somos: Los nuevos muralistas mexicanos.* @CynthiaArvide

Texto y fotos: Eduardo Barraza

El ascenso del *Huey Teocalli*

Quienes observan hoy en día las ruinas del Huey Teocalli de Tenochtitlan en el centro de la Ciudad de México, se encuentran ante un panorama que despierta sentimientos encontrados. Uno es de asombro, ante la realidad de presenciar los vestigios de una de las civilizaciones más poderosas y temidas de Mesoamérica. También una sensación de pérdida, al comprender que lo que se observa no es sino fragmentos de lo que fuera la estructura más alta y sagrada en la ciudad de los mexicas.

Sin la comprensión que aporta el trabajo de los arqueólogos y de un equipo de científicos en diferentes ramas de conocimiento, sería muy difícil tratar de dar sentido al cuadro que presentan las ruinas del Templo Mayor a quienes las visitan. Gracias a décadas de estudio y arduo trabajo de los expertos, es posible saber que el centro religioso de mayor importancia para la cultura mexica fue progresivamente edificado en varias etapas, a través de varios gobiernos y en una empresa de ampliación constante que buscaba satisfacer las necesidades religiosas de los aztecas.

De esta manera, la labor arqueológica y de otras disciplinas en conjunto revela que antes de su destrucción, el templo fue restructurado mediante un total de siete etapas, cada una de alguna manera edificada sobre la anterior. El agrandamiento del Huey Teocalli lo hizo gradualmente la estructura de mayor altura en Tenochtitlan, en la que destacaba el culto a su dios de la guerra, Huitzilopochtli, y al de la lluvia, Tláloc, ejes religiosos primordiales que guiaron el progreso, expansión y poderío de este imperio.

En realidad, lo que llegó a ser el Templo Mayor comenzó como un altar o adoratorio sencillo hecho a partir de materiales elementales, con base en la mítica orden de Huitzilopochtli a los mexicas de construir una ciudad teniendo como centro el sitio de adoración. Se especula que el periodo en que se creó este primer altar o templo pudo ser previo a la fecha oficial de la fundación de Tenochtitlan de 1325. Esa incipiente "casa" se considera el primer templo o etapa, de la que ha sido imposible para los arqueólogos encontrar vestigio alguno debido a barreras naturales y a los elementos perecederos con que se elaboró. Esta etapa, por tanto, carece de evidencia arqueológica, en contraste con las otras seis que fueron más formales. Sin embargo, la excavación de las ruinas del templo tras el hallazgo de la piedra Coyolxauhqui en 1978 permitió a los expertos conocer con más precisión cómo se desenvolvieron las subsecuentes etapas de edificación.

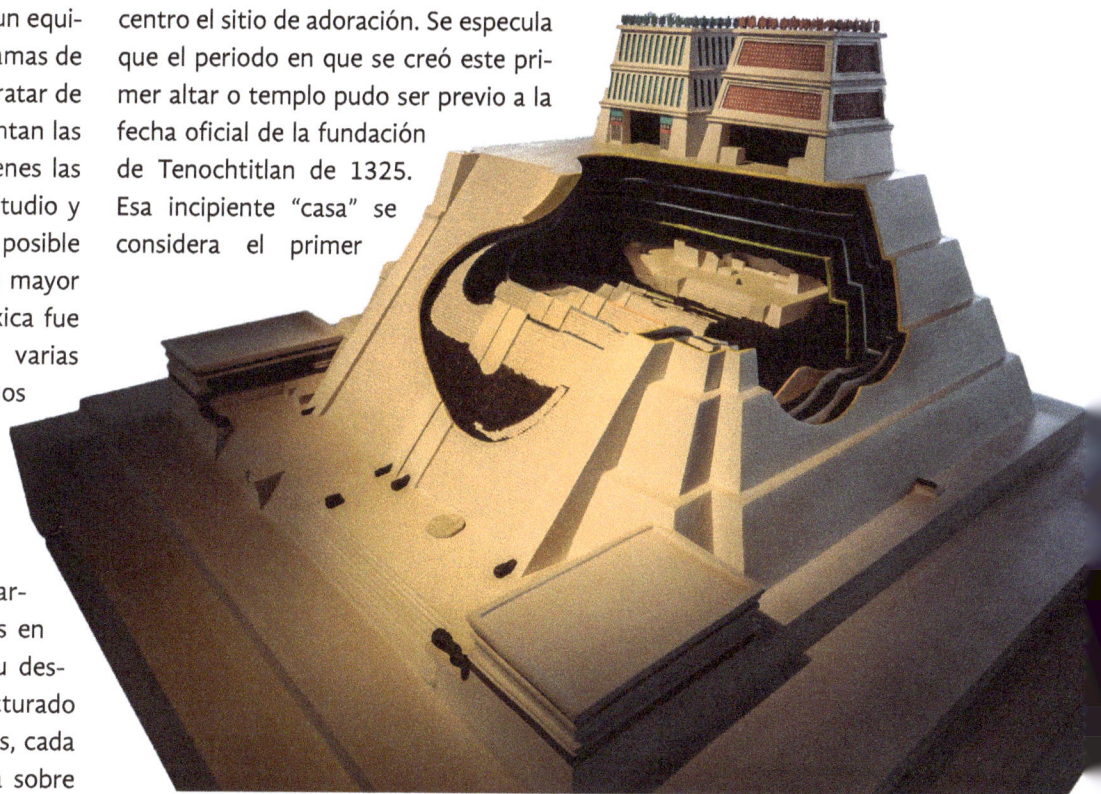

Etapa II (Aprox. 1390) — Los vestigios de esta etapa se encontraron en muy buenas condiciones, aún con los dos adoratorios a Huitzilopochtli y Tláloc de pie en su parte superior y la piedra de sacrificios.

Etapa III (Aprox. 1431) — La estructura de la etapa III cubrió completamente la etapa II al expandir el templo por sus cuatro lados, reflejando el crecimiento de la civilización de los mexicas. En esta etapa los arqueólogos encontraron ocho esculturas de piedra sobre la escalinata que conducía al adoratorio de Huitzilopochtli (foto a la derecha). Otras tres esculturas de piedra se localizaron sobre la escalinata de Tláloc.

Etapas IV y IVa (Aprox. 1454) — Estas etapas datan a la expansión de la cultura mexica durante el gobierno de Moctezuma I (1440-1469). Se hallaron cabezas de serpiente de piedra y dos braseros. La etapa IVa consistió solamente en una ampliación a la fachada principal del templo.

Etapa IVb (Aprox. 1469) — Esta fase constructiva se desarrolló en el apogeo de Tenochtitlan, durante el gobierno de Axayácatl (1469-1481), y se basó en una ampliación de la fachada principal del templo. Durante la excavación de las ruinas, en esta etapa se encontró el mayor número de ofrendas. De las dos escalinatas para llegar a ambos adoratorios solamente sobrevivieron algunos escalones. Cabe destacar que en esta fase estaba el monolito de Coyolxauhqui, puesto sobre la plataforma y a la mitad del primer escalón, del lado del adoratorio de Huitzilopochtli. En la plataforma se hallaron cuatro cabezas de serpiente, dos serpientes largas de forma ondulante, y el llamado "Altar de las Ranas", por la presencia de esculturas de piedra de estos anfibios.

Etapa V (Aprox. 1482) — Sólo una parte de la plataforma de gran tamaño sobre la que se asentaba el templo sobrevivió de esta etapa, que se estima fue hecha durante el gobierno de Tízoc (1481-1486). Destaca un conjunto arquitectónico al norte de las ruinas del templo, al que se llamó "La Casa de las Águilas".

Etapa VI (Aprox. 1486) — Este período de ampliación del Huey Teocalli que lo revistió por sus cuatro lados se habría llevado a cabo durante el gobierno de Ahuízotl (1486-1502). En esta se descubrieron los llamados "Templos Rojos", ya que se aún se aprecian en ellos sus colores originales, en los que destaca el rojo. En el lado norte del templo hay dos adoratorios más, uno formado por 240 cráneos cráneos de piedra (llamado tzompantli), y otro orientado hacia el poniente.

Etapa VII (Aprox. 1502) — Esta fue la última etapa de expansión del templo antes de la llegada de los españoles, y se deduce que se realizó durante el gobierno de Moctezuma II (1502-1520). Debido a que esta era la estructura más alta del templo, y por ende la primera que fue destruida, solamente se encontró la parte de la plataforma que lo sostenía. Esta etapa fue destruida hasta sus cimientos. En su fase final, el Templo Mayor de Tenochtitlan llegó a medir 82 metros por lado y aproximadamente 45 metros de altura.

Los vestigios de Templo Mayor, por tanto, representan solamente una fracción de todo el volumen que llegó a alcanzar la estructura. No obstante, lo que los arqueólogos lograron rescatar evoca la fuerza arquitectónica, artística y simbólica de la cultura mexica. La zona arqueológica, en conjunto con el magnífico Museo del Templo Mayor, ofrecen una perspectiva única acerca de los fundadores de Tenochtitlan, cuya cultura e historia de algún modo retoman su lugar en el sitio que prosperó durante dos siglos, y se enlazan con la historia moderna de la Ciudad de México. 🔇